AF143461

APPELEZ LA POLICE !

Philippe DANVIN

Éditions ART ET COMÉDIE
3, rue de Marivaux
75002 PARIS

NOTE SUR L'AUTEUR

Non, il n'est pas tombé dedans. Il a même mis du temps à découvrir la potion magique, un potentiel qui a dormi bien trop longtemps malgré quelques amours de jeunesse, le temps de goûter un peu par hasard à la mise en scène. Mais ne dit-on pas que la vie commence à quarante ans ?

Ce fut donc à l'approche de cet anniversaire, comme une seconde naissance quand, poussé par la motivation de ses étudiants, il se mit à écrire. Des lignes couleur passion. Une passion qui n'allait plus le quitter.

Agrégé de l'enseignement secondaire inférieur en Belgique, Philippe Danvin combine enseignement et théâtre en conjuguant au pluriel le mot « facettes ».

Directeur de troupe (sa chère Compagnie des Sources), metteur en scène, comédien, il est surtout auteur dramatique. Après *Je vous fais visiter l'appartement ?* et *Ma sœur est rentrée dans une secte !*, *Appelez la police !* est la troisième pièce à être éditée chez Art et Comédie.

PERSONNAGES

De 8 à 11 rôles possibles avec plusieurs variantes.

3 rôles masculins (ou féminins) : les 3 policiers

1 (ou 2) rôle(s) essentiellement masculin(s) : Harry Fer
et/ou James Bond.

4 (ou 6) rôles essentiellement féminins : Madeleine et/ou Anémone
Carole et/ou Paméla
France
La femme

SCÈNE 1

JULES, RAYMOND et HARRY FER

Un commissariat de police au mobilier rudimentaire et vétuste.
Un policier, Jules, entre en scène, tenant un journal à la main.

JULES - Après une tasse de café, rien de tel qu'un peu de lecture. Dix heures déjà et toujours aucune plainte, nous sommes partis pour une journée tranquille comme je les aime. *(Il s'installe au bureau et ouvre son journal.)* Alors, en politique, comme d'habitude, on parle pour ne rien dire… Les faits divers : accidents de voiture, du boulot pour les carrossiers et les assureurs… Passons aux choses sérieuses : les nouvelles sportives.

Un homme fait soudain irruption et s'adresse, très énervé, à Jules.

HARRY FER - Vite ! Vite ! Police ! Police !

JULES - Quoi vite ? Mais vous y êtes à la police !

HARRY FER *(empoignant le policier)* - Mais vite ! Vite !

JULES - Mais lâchez-moi ! Lâchez-moi ! Lâchez-moi ou j'appelle la police !

HARRY FER - Mais c'est vous la police !

JULES *(surpris)* - C'est moi la police ? Ah oui ! C'est vrai ! Oui, eh bien, calmez-vous ou j'appelle mes collègues.

HARRY FER - Mais appelez-les alors vos collègues pour retrouver mes voleurs! *(Il l'empoigne à nouveau.)*

JULES - À l'aide! À l'aide! Police! Police! Raymond, viens vite!

RAYMOND *(rentrant)* **-** Jules, qu'est-ce qui t'arrive? Lâchez Jules, vous! Lâchez Jules! Vous entendez : lâchez-le! *(Il empoigne l'homme et le fait asseoir.)* Et calmez-vous sinon je vous mets au trou.

HARRY FER - Mais c'est mon voleur qu'on doit mettre au trou, pas moi! C'est le monde à l'envers!

RAYMOND - C'est peut-être le monde à l'envers mais si vous ne vous calmez pas, c'est pourtant ce qui va vous arriver. Alors, que se passe-t-il?

HARRY FER - On m'a volé mes douze voitures.

JULES - Douze voitures, rien que ça? Vous êtes milliardaire?

HARRY FER - Milliardaire? Et quoi encore? Est-ce que je vous demande combien vous gagnez d'euros par mois?

RAYMOND - Ici, c'est nous qui posons les questions. Répondez à mon collègue sans faire d'histoire.

HARRY FER - Je ne fais pas d'histoire non plus. Non, je ne suis pas milliardaire. Je travaille à l'usine et je ne suis pas le P.-D.G.!

JULES - Soit! Votre nom?

RAYMOND - Oui, votre nom et en vitesse.

HARRY FER - Fer.

JULES - Quoi, fer?

HARRY FER - Vous me demandez mon nom, je vous le donne : Fer. Je m'appelle Fer.

RAYMOND - Vous vous appelez Fer?

HARRY FER - Et alors, c'est interdit?

RAYMOND - Non. Prénom?

HARRY FER - Harry.

JULES et RAYMOND *(en chœur et en se regardant étonnés)* - Fer Harry? *(Puis en chœur à l'homme.)* Vous vous appelez Fer Harry?

HARRY FER - Et alors?

JULES - Vous êtes Anglais?

HARRY FER - Ni Anglais ni Italien, je porte simplement un prénom anglais.

RAYMOND - Vous vous foutez de nous?

HARRY FER *(énervé)* - Oui… enfin, non, évidemment. Vous me faites dire n'importe quoi!

JULES - C'est plutôt vous qui dites n'importe quoi. Vous vous appelez Fer Harry?

HARRY FER - Mais oui!

RAYMOND - Ben voyons! Et moi, je m'appelle Schumacher et j'ai été plusieurs fois champion du monde, et mon copain s'appelle Ayrton Senna!

JULES - T'énerve pas, Raymond.

RAYMOND - Mais je ne m'énerve pas, je n'ai jamais été aussi calme.

JULES - Bien, vous vous appelez donc Fer Harry… ou disons plutôt Harry Fer, et on vous aurait volé douze voitures, c'est ça?

HARRY FER - Pas « on m'aurait volé », on m'a volé.

RAYMOND - O.K., O.K… Et que vous a-t-on volé comme voitures?

HARRY FER - Deux Rolls, deux Jaguar, deux…

RAYMOND - Stop! Procédons par ordre, monsieur qui travaille à l'usine sans être P.-D.G. et milliardaire…

HARRY FER - Mais vous vous moquez de moi! Je vais aller me plaindre.

JULES - Pas la peine, c'est ce que vous êtes en train de faire.

RAYMOND - Procédons donc par ordre : deux Rolls. Couleur?

HARRY FER - Quoi, couleur?

JULES *(se relevant et s'emportant)* - Raymond te demande leur couleur, t'as pas entendu? Leur couleur!

RAYMOND - T'énerve pas, Jules!

JULES - T'en fais pas, Raymond! J'ai jamais été aussi calme. *(Il respire profondément.)*

RAYMOND *(à Harry Fer)* - Vous, je vous tiens personnellement responsable de la santé de mon collègue!

JULES - T'en fais pas, ça va aller, Raymond, ça va aller! *(Il va s'asseoir en titubant.)*

RAYMOND - Mais non! Je vois bien que ça ne va pas! Et tout ça à cause de ce débile… J'vais m'le faire! J'vais m'le faire!

HARRY FER - Fer, Harry Fer, parfaitement!

RAYMOND *(hors de lui)* - Je me le fais, je me le fais!

Il empoigne l'homme. Jules s'est relevé et le retient.

JULES - Calme-toi, Raymond, calme-toi, ça va mieux, ça va mieux! *(Raymond relâche l'homme.)*

RAYMOND *(à Jules)* - Tu veux que j'aille te chercher un petit remontant?

HARRY FER - Et pendant ce temps-là, qu'est-ce qu'on fait pour mon voleur, hein ? Qu'est-ce qu'on fait ? Et pour mes voitures, hein, qu'est-ce qu'on fait ?

RAYMOND *(à Jules)* - Jules, tu ne diras rien, n'est-ce pas ? Tu ne diras rien mais je vais me le faire ! Je vais me le faire !

HARRY FER - Fer, Harry Fer, parfaitement !

RAYMOND - Toi, après le traitement que je te réserve, ce n'est pas à une Ferrari mais à une deux-chevaux désossée que tu vas ressembler !

JULES - Calme-toi, Raymond. Pas de bavure, surtout pas de bavure.

RAYMOND - Mais Jules, ce n'est plus ça une bavure, c'est de la légitime défense, t'entends : c'est de la légitime défense !

JULES - Calme-toi, Raymond, on va se faire muter si tu ne te calmes pas, on va se faire muter.

HARRY FER - Si vous ne faites rien pour retrouver mon voleur, c'est moi qui vais vous faire muter : j'ai le bras long, vous verrez, j'ai le bras long.

RAYMOND - Et moi, j'ai le direct facile. Je vais t'allonger, t'as compris : j'vais t'allonger. *(Puis à Jules.)* Je vais me le faire, Jules, je vais me le faire, c'est de la légitime défense. Mieux, on me donnera une médaille, Jules, on me donnera une médaille !

JULES - Calme-toi, Raymond, calme-toi, sinon on va se faire muter, on va se faire muter. Tu veux bien faire plaisir à ton copain Jules, n'est-ce pas Raymond ?

RAYMOND - Je ferai tout ce que tu veux, Jules, mais après lui avoir réglé son compte, d'accord ?

JULES - Non, Raymond, non ! Tu vas me faire le plaisir de retourner dans ton bureau pendant que je termine avec lui. Raymond, je t'en conjure, pense à ta carrière, pense à la mienne.

HARRY FER - Et à mes voitures, vous y pensez à mes voitures ?

RAYMOND - Je ne fais que ça : au moins, elles, elles ont un pare-chocs. Toi, t'en as pas, mon gars. Fer Harry, tu vas ressembler à une deux-chevaux juste bonne à la casse.

JULES - Raymond, pas de bavure, je t'en prie, il ne demande que ça ! Pense à nos carrières.

RAYMOND - J'm'en fous.

JULES - Pense à ton ulcère alors, Raymond ! On n'a qu'une santé. Retourne dans ton bureau.

RAYMOND - J'ai mal à l'estomac, le mal est fait, Jules.

JULES - Pense à ton vélo alors, Raymond, tu les aimes tant tes balades en vélo du dimanche matin.

HARRY FER - Et à mes voitures, vous y pensez à mes voitures ?

JULES - Vous, taisez-vous sinon je lâche Raymond ! Il fait du judo et de la boxe française. Il est pire qu'un pitbull. *(Ensuite vers Raymond.)* Allez Raymond, toi qui es un mordu de la bicyclette, pense à tes randonnées, va dans le petit bureau, va respirer à fond, va te calmer.

HARRY FER - C'est ça, il ira se calmer et pendant ce temps-là, on ne fait rien pour retrouver mon voleur. Lui, il ne pédale pas, il court.

RAYMOND - Jules, laisse-moi lui refaire le portrait, on demandera un devis après.

JULES - Non, Raymond, non ! On va le mettre au frais, le temps de se calmer, tu veux bien dis, tu veux bien ?

HARRY FER - « Le mettre au frais », qu'est-ce que vous voulez dire par là ?

JULES - On va te mettre à l'ombre, mon petit père, le temps d'enregistrer ta plainte.

HARRY FER - Non mais ça ne va pas ! On met les volés en prison et les voleurs peuvent courir, c'est ça ?

RAYMOND - C'est ça, monsieur le milliardaire, t'as tout compris !

JULES - Et tu pourras même appeler ton avocat. Il viendra payer ta caution de dix mille euros. *(Ils l'empoignent et l'entraînent.)*

HARRY FER - Mais vous êtes fous, vous êtes complètement fous ! Police, appelez la police !

RAYMOND - Eh bien, tu tombes bien, c'est nous la police.

JULES - T'es sauvé, mon gars, t'es sauvé !

HARRY FER - Police ! Police ! Appelez la police !

JULES - N'aie pas peur, Fer Harry, on est là, on est là !

HARRY FER - Lâchez-moi, lâchez-moi !

RAYMOND - Seulement quand tu seras au frais, mon p'tit père, seulement quand tu seras au frais !

JULES - T'avais raison, Raymond, c'est de la légitime défense.

Ils l'ont entraîné et sortent.

RAYMOND *(en voix off)* **-** Attrape-le, Henri.

SCÈNE 2

MADELEINE et RAYMOND

Raymond revient.

RAYMOND - Quelle histoire ! Alors qu'il ne s'était rien passé depuis ce matin. Enfin, Henri aura tout entendu avec cette cloison si mince... Incroyable, tout bonnement incroyable mais au garage,

Fer Harry, au garage! *(Il s'assied, se met à écrire. Une femme fait son entrée. Elle ne dit rien. Au bout d'un moment, Raymond remarque sa présence.)* Il y a longtemps que vous êtes là?

MADELEINE - Euh… non!

RAYMOND - Qu'est-ce qui se passe?

MADELEINE - Je… je voudrais déposer une plainte.

RAYMOND - Déposer une plainte? Pourquoi pas? Vous n'êtes pas la femme de Harry Fer, par hasard?

MADELEINE - De… de qui?

RAYMOND - Harry Fer, Fer Harry si vous préférez!

MADELEINE - Ferrari? La voiture?

RAYMOND - Quoi, la voiture?

MADELEINE - Mais vous me dites Ferrari!

RAYMOND - Mais pas la voiture! Fer Harry, l'autre débile à qui on a volé ses voitures.

MADELEINE - Mais ne vous fâchez pas! *(Elle se met à pleurer.)*

RAYMOND - Mais vous n'allez pas vous mettre à pleurer comme une Madeleine, maintenant! Comment vous appelez-vous?

MADELEINE - Madeleine, justement! *(Elle pleure de plus belle.)*

RAYMOND - Et vous pleurez parce que vous vous appelez Madeleine?

MADELEINE - Mais non je ne pleure pas parce que je m'appelle Madeleine!

RAYMOND - Ouais! On dit ça, on dit ça! Votre nom?

MADELEINE - Bonbon.

RAYMOND - Bonbon ?

MADELEINE - Oui, Bonbon, je n'ai pas le droit de m'appeler Bonbon ? Vous vous appelez bien je ne sais pas comment, vous !

RAYMOND - Je m'appelle comme je veux et d'ailleurs vous ne connaîtrez pas mon nom puisque vous vous moquez de moi.

MADELEINE - Je ne me moque pas de vous. C'est mon nom. Vous voulez que j'aille chercher ma sœur qui est restée dans la voiture ? Elle pourra vous le confirmer.

RAYMOND - Ben voyons ! Et comment s'appelle-t-elle votre sœur ? Rose Bonbon, c'est ça ?

MADELEINE - Mais oui ! Comment le savez-vous ?

RAYMOND *(très étonné)* **-** Elle s'appelle Rose Bonbon ?

MADELEINE - Mais oui ! C'est un délit de s'appeler Rose pour une femme ? Vous pouvez aller lui passer les menottes, si vous voulez ! *(Elle se remet à pleurer.)*

RAYMOND - Mais non, mais non ! Je veux bien faire un effort et vous croire… Mais pourquoi pleurez-vous alors ?

MADELEINE - C'est parce qu'on m'a volé…

RAYMOND - Ne me dites pas qu'on vous a volé une voiture et surtout pas une Ferrari parce que je vois rouge !

MADELEINE - Mais non, on ne m'a pas volé de voiture, on m'a volé une vache !

RAYMOND - Une vache… Ben voyons, c'est la journée !

MADELEINE - Mais vous ne me croyez pas ?

RAYMOND - Ben… figurez-vous que j'ai des doutes.

MADELEINE - Des doutes ? Vous ne croyez pas qu'on a volé ma vache ?

RAYMOND - Vous savez, ma petite dame, nous ne sommes pas à la campagne, alors voler une vache à Paris… Des chiens ou des chats, c'est déjà arrivé, mais une vache !

MADELEINE - Et une vache d'Inde, en plus !

RAYMOND *(fâché)* - Une vache d'Inde ? Un cochon d'Inde j'aurais compris, mais une vache d'Inde !

MADELEINE - Mais ne vous fâchez pas, ne prenez pas la mouche !

RAYMOND - Je ne prends pas la mouche : je prends un cochon, je prends une vache et je les prends en grippe en ce moment !

MADELEINE - Vous êtes malade ?

RAYMOND - Non, je ne suis pas malade : c'est votre vache que je prends en grippe. Je ne la connais pas et je ne peux déjà plus la voir.

MADELEINE *(pleurant)* - C'est moi qui ne la verrai plus ! Ma vache ! Qui me rendra ma vache ?

RAYMOND *(s'emportant)* - La ferme !

MADELEINE *(pleurant de plus belle)* - Mais elle n'était pas dans une ferme, elle était chez moi ! Chez moi ! Ma vache ! Qui me rendra ma vache ?

RAYMOND - Avoir une vache en plein Paris, une sœur qui s'appelle Rose Bonbon et on s'étonne ensuite que je prenne la mouche, non mais !

MADELEINE - Mais je ne vous ai dit que la vérité et vous ne me croyez pas !

RAYMOND *(après un gros soupir)* - Si ! Je vais me reconcentrer, faire un gros effort pour vous croire. Reprenons donc. Votre nom ?

MADELEINE - Bonbon, ça n'a pas changé !

RAYMOND - Bonbon, ça n'a pas changé. Votre prénom, qui n'a pas changé non plus ?

16

MADELEINE - Madeleine.

RAYMOND - Madeleine qui pleure comme une Madeleine.

MADELEINE - Vous voyez que vous ne me prenez pas au sérieux !

RAYMOND *(moqueur)* - Je sais, c'est vache, hein ?

MADELEINE - Vous recommencez ! Mais je vais me plaindre !

RAYMOND *(tout sourire)* - Vous tombez bien : c'est ici que ça se passe.

MADELEINE - Je voulais dire porter plainte contre vous.

RAYMOND *(se fâchant)* - Attention, ma petite dame, vous cherchez les ennuis !

MADELEINE - Je ne suis pas votre petite dame.

RAYMOND - Heureusement ! Je ne vous supporterais pas. En plus, j'ai horreur des vaches !

MADELEINE - Et moi, j'ai horreur des flics qui font l'animal et qui prennent la mouche, nom d'un chien !

RAYMOND - Qu'est-ce que les chiens viennent faire là-dedans maintenant ?

MADELEINE - Je ne sais pas : je ne demande que ma vache, moi !

RAYMOND - Je finirai par le savoir. Et si on l'a conduite à l'abattoir, votre vache ?

MADELEINE *(pleurant à nouveau)* - À l'abattoir ? Mais pourquoi à l'abattoir ?

RAYMOND - Mais pour la tuer et la manger, pardi !

MADELEINE - La manger ? Mais ils sont fous les voleurs !

RAYMOND - Au prix de la viande, ils auraient tort de se gêner.

MADELEINE - Mais elle est sacrée ma vache, je ne veux pas qu'on y touche !

RAYMOND - Qu'elle soit Française ou qu'elle vienne d'Inde, aucune vache n'est sacrée pour des voleurs.

MADELEINE - Mais c'est absurde, elle est indigeste !

RAYMOND - Indigeste, indigeste, c'est vous qui le dites !

MADELEINE - Mais oui, je le dis : de la porcelaine, c'est forcément indigeste !

RAYMOND *(étonné)* - De la porcelaine ?

MADELEINE - Mais oui, de la porcelaine ! Elle est en porcelaine, ma vache !

RAYMOND - En porcelaine ?

MADELEINE - Oui, quand je suis allée en Inde, j'ai ramené une petite vache en porcelaine.

RAYMOND - Et c'est maintenant que vous me le dites !

MADELEINE - Mais je le dis quand il m'est possible de le dire : vous ne me laissiez pas placer un mot !

RAYMOND - Alors comme ça, depuis dix minutes, vous vous moquez de moi ?

MADELEINE - Mais je ne me moque de personne, c'est vous qui vous êtes moqué !

RAYMOND - Quoi ? Elle est forte, celle-là ! Sortez avant que je vous colle au trou.

MADELEINE *(outrée)* - C'est un scandale, je me plaindrai, vous allez voir, je me plaindrai. Ah ! c'est ça la police, bravo ! *(Elle sort.)*

RAYMOND - Incroyable, tout bonnement incroyable ! Quand je vais raconter ça aux autres… *(Il se dirige vers la porte.)* Jules ! Henri ! Vous ne devinerez jamais...

SCÈNE 3

HENRI, HARRY FER et CAROLE

Henri croise Raymond qui sort.

HENRI - Mais j'ai tout entendu, Jules aussi d'ailleurs. Va te détendre un peu, je prends le relais. Mais ce n'est pas possible, on les a lâchés aujourd'hui. On a le son grâce à la minceur de la cloison, il ne manque plus que l'image. À quand un budget pour installer la vidéo en circuit fermé? Y a pas de sous qu'ils vont répondre, y a pas de sous!… Enfin, faut faire avec, comme on dit, faut faire avec… Nous sommes déjà en personnel réduit le week-end et il faut en plus se taper les élucubrations de quelques débiles. Allons respirer quelques instants dehors, rien de tel pour se calmer. *(Il sort.)*

De l'autre côté, a surgi Harry Fer, qui marche très doucement pour ne pas faire de bruit.

HARRY FER - Doucement, ne gâchons pas notre chance, ils avaient oublié de fermer à clé. Ils ne t'ont pas vu filer, tu vas réussir mon gars, tu vas réussir.

Henri revient. Fer plonge sous le bureau.

HENRI - Quelques gouttes, rien de bien méchant mais je vais plutôt essayer le yoga.

Il s'assied en tailleur sur le bureau et commence à respirer profondément. Au bout d'un moment, Harry Fer commence à regarder, l'air inquiet.

HARRY FER - Plus de pieds donc plus de jambes: il a dû rejoindre les autres. *(Il se relève doucement mais se retrouve nez à nez avec Henri et pousse un cri.)* Ah!

HENRI *(criant également)* - Ah! Jules! Raymond!

Ils font leur entrée très vite. Harry Fer court vers la sortie mais est rattrapé et ceinturé. Ils l'emmènent.

HARRY FER - Lâchez-moi! Lâchez-moi!

JULES - Tentative d'évasion.

RAYMOND - Tu aggraves ton cas, mon gars.

HENRI - Et puis surtout, tu nous énerves, Fer Harry, tu nous énerves. Et on a besoin de calme.

HARRY FER - Mais lâchez-moi, lâchez-moi, je suis le volé, pas le voleur!

HENRI - Embarquez-le les gars, je reste assurer la permanence.

HARRY FER - Lâchez-moi! Police! Police!

JULES - Mais c'est nous la police!

HARRY FER - Police! Police! Appelez la police!

RAYMOND - On t'a dit que c'était nous la police!

JULES - T'es sauvé mon gars, t'es sauvé! *(Ils sortent.)*

HENRI - Ouf! Il est reparti au garage.

Une femme surgit.

CAROLE - Vite, monsieur, vite!

HENRI - Doucement, ma petite dame, parce que la journée est pour le moins agitée aujourd'hui.

CAROLE *(en aparté)* - Ma petite dame? En voilà des familiarités.

HENRI - Vous avez le temps, pas de panique, nous sommes là!

CAROLE - Mais je n'ai pas le temps, on m'a volé ma Salade.

HENRI - On ne vous a volé que votre salade? Et vous en faites tout un plat?

CAROLE - Bien sûr que j'en fais tout un plat. D'ailleurs, depuis que c'est arrivé, je ne suis plus dans mon assiette.

HENRI - Comment est-ce arrivé ?

CAROLE - Très vite : je n'ai pas eu le temps de m'en rendre compte.

HENRI - En général, c'est toujours après qu'on s'en rend compte : en arrivant chez soi, dans sa cuisine, par exemple.

CAROLE - Pourquoi dans ma cuisine ?

HENRI - Dans un vol comme le vôtre, c'est là en général qu'on s'en rend compte, tout simplement. Bon, je vous écoute : comment est-ce arrivé ?

CAROLE - Je sortais du supermarché, je me suis retournée et j'ai vu qu'on m'avait volé ma Salade.

HENRI - J'avais donc bien compris : on ne vous a volé que votre salade. Et vous venez déposer une plainte pour ça ? Les autres vont apprécier. Vous vous appelez comment ?

CAROLE *(perdant patience)* **-** Puisque vous n'avez pas l'air de me prendre au sérieux, je vous rends la pareille. Vous ne connaîtrez pas mon nom. Appelez-moi Marguerite si vous voulez, peu importe !

HENRI - Marguerite ? Vous allez nous refaire le coup de la vache ?

CAROLE - Le coup de la vache ? Quelle vache ?

HENRI - Mais la vache d'Inde, voyons !

CAROLE *(d'abord en aparté)* **-** Il tient des propos incohérents. Aurais-je affaire à un fou ? *(Puis à Henri.)* Mais de quoi voulez-vous parler ?

HENRI - Je vous expliquerai cela quand j'aurai le temps : il y a des vaches d'Inde comme il existe des cochons d'Inde. Mais restons en Europe, c'est déjà assez compliqué comme ça. Reprenons, je vous écoute.

CAROLE - Bon ! On m'a donc volé ma Salade, c'est clair ?

HENRI - On ne peut plus clair : aussi clair qu'une nappe de brouillard empêchant toute circulation à Londres. Comment est-elle ? Comme toutes les salades, je suppose ?

CAROLE *(soudain nostalgique)* - Non, pas comme toutes les Salade : elle est tellement petite que je la mets dans mon sac.

HENRI - Donc, très petite, et en sortant du supermarché, vous l'aviez dans votre sac, c'est ça ?

CAROLE - Non, je l'avais déjà en rentrant.

HENRI - Vous rentrez avec votre salade au supermarché ?

CAROLE - Mais oui, je ne vais pas la laisser seule à la maison !

HENRI - Question de point de vue ; elle pourrait rester dans votre cuisine. Et on ne vous a pas posé de questions à la caisse en vous voyant rentrer avec votre salade ?

CAROLE - Non, on me connaît, j'y passe presque tous les jours, ils ont l'habitude.

HENRI - Et depuis quand l'aviez-vous ?

CAROLE - Trois mois.

HENRI *(dégoûté)* - Trois mois ? Elle n'était plus très fraîche, dites donc !

CAROLE - Mais si. Elle sentait encore bien bon en tout cas.

HENRI - Soit ! Les goûts et les couleurs… Décrivez-la-moi. Elle est verte, je présume ?

CAROLE - Verte ? Mais non, elle est brune.

HENRI - Brune, la salade ?

CAROLE - Mais oui, brune avec de fines moustaches.

HENRI - De fines moustaches ? Vous êtes sûre ?

CAROLE - Tout à fait sûre.

HENRI - De fines moustaches, une salade ?

CAROLE - Pas une salade, ma Salade ; mon chien, quoi !

HENRI - Un chien ? Depuis le début, vous me parlez d'un chien ?

CAROLE - Mais oui ! Mon chien s'appelle Salade. C'est interdit ?

HENRI - Et vous ne pouviez pas le dire dès le début, nom d'un chien !

CAROLE - Mais si Tintin rentrait ici, il dirait qu'on lui a volé Milou, pas son chien ! Moi, j'ai parlé de Salade, et ça n'a rien d'extraordinaire !

HENRI - Mais Tintin et Milou, tout le monde les connaît ! Pas Salade et… et… comment vous appelez-vous au juste puisque vous ne vous appelez pas Marguerite ?

CAROLE - Carole Dubois.

HENRI - Scarole ?

CAROLE - Mais non pas scarole, Carole ! Nom d'un chien, comme vous dites !

HENRI - Dites donc, calmez-vous sinon je vous flanque au trou !

CAROLE - Ben voyons ! Et pourquoi moi et pas mon voleur ?

HENRI - Parce que vous m'embêtez à la fin avec vos salades et votre façon d'en faire tout un plat.

CAROLE - Oh ! ça va ! Je ne vous embêterai plus, je vais aller me plaindre ailleurs.

HENRI - C'est ça, allez à la SPA, ils sont là pour ça, et bon débarras !

CAROLE - Je ne vous salue pas. *(Elle sort furieuse.)*

HENRI - Moi non plus. Quand je vais encore raconter ça aux copains! Quelle journée! Enfin, ils auront tout entendu avec cette cloison si mince.

Il sort de l'autre côté.

SCÈNE 4

ANÉMONE, JULES, RAYMOND puis HARRY FER

Une femme qui porte des lunettes fait irruption dans le bureau en criant.

ANÉMONE - Au voleur! Au voleur!

JULES *(en voix off à Henri)* - T'en fais pas, Henri, je prends le relais. *(Puis rentrant, attiré par les cris.)* Calmez-vous, ma petite dame! Vous n'êtes pas chez les pompiers, il n'y a pas le feu!

ANÉMONE - Mais si, il y a le feu!

JULES - Ah oui? Où ça?

ANÉMONE - Sur le boulevard.

JULES - Sur le boulevard?

ANÉMONE - Mais oui, sur le boulevard. Vous ne me croyez pas?

JULES - De toute façon, ça ne regarde que les pompiers. Vous êtes à la police, ici. Pourquoi hurliez-vous « au voleur »?

ANÉMONE - Mais parce que j'ai été volée, nom d'un chien!

JULES - Stop! Je vous arrête tout de suite : s'il s'appelle Salade, on nous a déjà fait le coup.

ANÉMONE - Mais je ne viens pas vous parler du chien de Carole !

JULES *(étonné)* **-** Vous êtes au courant ?

ANÉMONE - Mais oui, je viens de la croiser, elle a eu le temps de me dire qu'on avait volé Salade.

JULES - Et vous vous connaissez ?

ANÉMONE - Bien sûr, nous habitons le même immeuble.

JULES *(soupçonneux)* **-** Vous habitez le même immeuble ? *(En aparté.)* Serait-ce une piste ? *(Puis à Anémone.)* Et vous avez un alibi pour le chien ?

ANÉMONE - Dites donc, traitez-moi de voleuse tant que vous y êtes et envoyez-moi immédiatement le panier à salade !

JULES *(s'énervant)* **-** Écoutez, madame, ne nous parlez plus de salades : nous y sommes devenus allergiques. Ici, nous ne deviendrons jamais végétariens, nous sommes amateurs de bonne viande et même de chien, si vous voyez ce que je veux dire.

ANÉMONE - Mais ne criez pas ! On dirait que vous avez mangé de la vache enragée.

JULES - Si elle vient d'Inde, je suis preneur.

ANÉMONE - Les vaches sont sacrées en Inde. Ici, apparemment, ce sont les voleurs puisqu'on ne peut même pas déposer une plainte.

JULES *(se calmant)* **-** Mais non, ils ne sont pas sacrés : si vous êtes vraiment la victime d'un vol, je veux bien vous écouter. Alors, que s'est-il passé ?

ANÉMONE - On m'a volé mes lentilles.

JULES - Ben voyons ! En sortant du supermarché comme l'autre folle sans doute ?

Anémone - Dites donc, soyez poli, Carole n'est pas plus folle que vous. Et en disant « l'autre folle », c'est aussi à moi que vous faites allusion, évidemment ?

Jules - Si vous vous sentez visée, c'est que vous n'avez pas la conscience tranquille.

Anémone - Si ! J'ai la conscience tranquille, aussi tranquille qu'une victime innocente, et je voudrais bien que l'on retrouve mes lentilles, nom d'un chien !

Jules - Vous voyez, vous recommencez !

Anémone - Comment ça je recommence ?

Jules - Avec le chien.

Anémone - Mais non, je ne recommence pas, arrêtez vos salades !

Jules - Et vous avez le toupet de dire que vous ne recommencez pas : voilà les salades, maintenant !

Anémone - Je me moque de vos salades : je veux mes lentilles.

Jules - C'est du pareil au même.

Anémone - Mais non, ce n'est pas du pareil au même ! Retrouvez-moi mes lentilles et rien d'autre. Pas de salade, pas de chien, rien que mes lentilles, c'est trop demander ?

Jules *(respirant)* - Bon ! Je respire à fond pour me calmer, je fais même un effort gigantesque pour vous écouter. On vous a donc volé vos lentilles.

Anémone - Oui.

Jules - Combien de boîtes ?

Anémone - Comment ça combien de boîtes ? Une seule ! Au prix où sont les lentilles !

JULES *(étonné)* - Au prix où sont les lentilles ? Il faudra que je demande à ma femme : il y a peut-être une solide inflation ou une hausse spectaculaire du prix du baril.

RAYMOND *(rentrant)* - Alors on a volé du pétrole ou de l'essence ?

ANÉMONE - C'est ça, moquez-vous !

JULES - Mieux que ça, Raymond : plus précieux que l'or, plus raffiné que le pétrole.

RAYMOND - Des diamants ?

JULES - Des lentilles, Raymond, des lentilles. Cours vite m'en acheter. À la bourse, le cours monte, monte.

RAYMOND - La bourse et moi, ça fait deux : je place mon argent en bon père de famille.

JULES - Moi aussi, Raymond, mais franchement une occasion pareille, ça ne se refuse pas.

ANÉMONE - Quand vous aurez fini de parler de vos placements et de votre vie de famille, vous pourrez peut-être vous occuper de mon affaire ?

RAYMOND - Mais nous parlons affaires, madame, au pluriel seulement mais les affaires sont les affaires, comme vous le savez.

JULES - Elle doit le savoir, Raymond, au prix où sont les lentilles !

RAYMOND - À propos de lentilles, tu préfères quoi pour le casse-croûte : jambon ou fromage ?

JULES - Fromage, comme d'habitude.

RAYMOND - O.K., c'est comme si c'était servi. *(Il sort.)*

ANÉMONE - Et moi, vous pouvez me servir au lieu de passer votre temps à vous moquer de moi ?

JULES - Je ne me moque pas de vous mais vous avez l'air de considérer les lentilles comme des denrées pour le moins précieuses.

ANÉMONE - On voit bien qu'elles ne vous appartiennent pas. En tout cas, mon vol, j'ai vraiment beaucoup de mal à l'avaler.

JULES - Bien, je vais essayer de faire un dernier effort : vous aviez donc acheté une seule boîte... pour faire régime sans doute ?

ANÉMONE - Vous êtes vraiment bête ou vous le faites exprès ?

JULES - Faites attention à ce que vous dites, sinon je vous garde un bon moment pour vous enlever l'envie de poser des questions stupides !

ANÉMONE - Carole avait bien raison.

JULES - C'est-à-dire ?

ANÉMONE - Que j'aurais bien de la chance si on daignait m'écouter sans qu'on se moque de moi.

JULES - Une patience d'ange, il faut une patience d'ange... Reprenons : on vous a donc volé une boîte de lentilles...

ANÉMONE - Contenant des lentilles.

JULES - C'est la même chose !

ANÉMONE *(ironique)* **-** Pas tout à fait, au prix où sont les lentilles.

JULES - Des lentilles de grande valeur donc...

ANÉMONE *(même jeu)* **-** Évidemment, au prix du baril.

JULES - Je vois, je vois...

ANÉMONE - Vous voyez ? Vous avez de la chance, parce que moi sans mes lentilles...

JULES - Sans vos lentilles ?

ANÉMONE - Mais oui, sans mes lentilles.

JULES *(ouvrant de grands yeux)* **-** J'ai compris : vous avez des problèmes de vue et vous portez des lentilles !

28

ANÉMONE - Ouf! Vous avez effectivement compris.

JULES - Mais bon sang, vous ne pouviez pas le dire plus tôt?

ANÉMONE - J'ai bien essayé…

JULES - Mais non, vous n'avez pas essayé : vous arrivez ici en parlant d'un incendie sur le boulevard, ça n'a rien à voir !

ANÉMONE - Mais si, ça a à voir, comme vous dites : c'est pendant que je regardais que quelqu'un m'a volé ma boîte à lentilles.

JULES *(s'énervant)* **-** Mais si vous les aviez portées vos lentilles, personne ne vous les aurait volées !

ANÉMONE - J'ai toujours porté des lunettes, j'allais passer aux lentilles mais progressivement.

JULES - Et quand vous ne les portez pas, vous les emportez pour ne pas les laisser seules chez vous, sans doute? Comme c'est touchant !

ANÉMONE - Vous direz encore que vous ne vous moquez pas ! Je venais de les acheter, mes lentilles ! Je sortais de chez l'opticien, vous entendez : de chez l'opticien, pas du supermarché ! Pas du rayon des fruits et légumes ! Et maintenant, c'est d'ici que je sors avant de faire une crise de nerfs.

JULES - Allez, calmez-vous, j'ai cru que vous vous moquiez de moi…

ANÉMONE - Non, je ne me calme pas : je m'en vais. Si vous avez besoin de moi, je m'appelle Anémone Dujardin. Vous avez bien compris? Anémone Dujardin, rue de la Folie, 33… 33, comme chez le docteur… c'est facile ! Et si vous cherchez Carole Dubois, c'est le même immeuble : 33, rue de la Folie, c'est facile ! Vous verrez, cinq étages, il y a un monde fou !

> *Elle sort, furieuse, croisant Raymond qui rentre, porteur d'un petit sac.*

RAYMOND - Ton casse-croûte t'attend, Jules.

JULES *(perdu dans ses pensées)* - 33, rue de la Folie… 33, rue de la Folie…

RAYMOND - Tu t'occuperas des fous quand tu auras mangé. Viens.

JULES - 33, rue de la Folie… Mais oui… Ça alors !

RAYMOND *(souriant)* - Quoi ? C'est l'adresse de l'hôpital psychiatrique où nous allons interner Harry Fer ?

JULES - Il y habite déjà.

RAYMOND - Il y habite déjà ?

JULES - Mais oui, tantôt j'ai pris ses coordonnées complètes et il m'a donné la même adresse, c'est quand même curieux.

RAYMOND - Tiens ! Rue de la Folie… Rue de la Folie, oui ça existe, pas très loin du centre. Mais ça ne veut rien dire, ils se sont donné le mot pour nous rendre fous, tout simplement.

JULES - Bizarre quand même. Je vais essayer d'éclaircir tout ça après avoir mangé.

RAYMOND - Tout ce que tu veux mais après avoir mangé.

Ils veulent sortir mais Harry Fer surgit et veut s'échapper. Ils le ceinturent.

HARRY FER - Laissez-moi partir, laissez-moi partir, je veux qu'on retrouve mes voitures !

RAYMOND - On va les retrouver tes voitures, on écrira au Père Noël !

JULES - Il te les apportera en traîneau, tu verras.

HARRY FER - Lâchez-moi, lâchez-moi, je ne suis pas fou et j'ai le bras long, j'ai le bras long !

RAYMOND - Et moi le direct facile ! T'es pas fou mais t'habites rue de la Folie, c'est ça ? Eh bien, on va en parler de ta rue de la Folie mais plus tard…

JULES - Et tu nous parleras d'Anémone Dujardin et de Carole Dubois, tant que tu y es !

HARRY FER *(surpris)* **-** Vous les connaissez ? Elles habitent dans mon immeuble.

RAYMOND - Oui, on les connaît, mais on te racontera ça après avoir mangé. En attendant, au garage, Fer Harry, au garage !

HARRY FER - Non, pas au garage, non, pas au garage !

Ils l'entraînent et sortent.

SCÈNE 5

HENRI et PAMELA

Henri fait son entrée et va s'asseoir.

HENRI - Ils ont les mains occupées, c'est à mon tour. Après la tempête, espérons un retour au calme. Les nouvelles sportives, il n'y a que ça de vrai ! *(Il se saisit du journal et veut l'ouvrir. Une femme, vêtue de façon très excentrique, fait irruption. Elle le voit assis et se précipite vers lui.)*

PAMÉLA - Ah ! mon sauveur, vite !

HENRI *(en aparté)* **-** C'est pas vrai, c'est reparti ! *(À la femme.)* Sauveur, c'est vite dit ! On fera de son mieux, madame. Alors, qu'est-ce qui vous arrive ?

PAMÉLA - On m'a volé ma poupée, on m'a volé ma poupée !

HENRI *(étonné)* - Volé votre poupée ?

PAMÉLA - Mais oui, faites quelque chose !

HENRI - Une minute, madame, il n'y a pas le feu.

PAMÉLA - Mais si justement.

HENRI - Ah bon ! Où ça ?

PAMÉLA - Sur le boulevard.

HENRI - Ah oui ! C'est juste, j'en ai entendu parler. Et ça flambe toujours ?

PAMÉLA - Peu importe : je me moque de l'incendie, je veux qu'on retrouve ma poupée !

HENRI - Madame, avec tout le respect que je vous dois, nous en avons déjà vu de toutes les couleurs, des vertes et des pas mûres depuis ce matin, alors de grâce un peu de sérieux.

PAMÉLA - Mais je suis sérieuse, on ne peut plus sérieuse.

HENRI - Permettez-moi de penser le contraire.

PAMÉLA *(très fâchée)* - Mais dites tout de suite que je suis folle !

HENRI - Mais non, mais non... Je ne veux pas perdre mon temps, c'est tout. Nous avons déjà assez donné depuis ce matin.

PAMÉLA *(même jeu)* - Je me moque de ce qui s'est passé ici depuis ce matin, je veux que vous actiez ma plainte.

HENRI - Bien ! Nous allons acter, alors... actons... actons... *(Il se prépare à écrire.)* On vous a donc volé votre poupée. Alors, le nom ?

PAMÉLA - Barbie.

HENRI - Barbie ? Mais je ne vous demande pas le nom de la poupée, c'est le vôtre qui m'intéresse !

PAMÉLA - De la poupée ? Mais c'est le mien, justement !

Henri - Quoi le vôtre ?

Paméla - Le nom, c'est le mien : je m'appelle Barbie.

Henri - Ben voyons, moi, je me présente… *(Il tend la main.)…* je m'appelle Action Man.

Paméla - Non seulement vous ne me prenez pas au sérieux mais vous vous moquez carrément de moi !

Henri - Je ne fais que vous rendre la pareille.

Paméla - Rendez-moi plutôt ma poupée !

Henri - À votre âge ! Nous avons autre chose à faire.

Paméla - Ne vous occupez pas de mon âge, il ne vous regarde pas !

Henri - Peut-être mais je sais juger les gens à qui j'ai affaire.

Paméla - Eh bien, vous avez affaire à Paméla Barbie. Écrivez-le.

Henri - Bien ! Action Man écrit donc : Paméla Barbie.

Paméla - Vous continuez à vous moquer : pourtant je suppose que vous avez déjà entendu parler de Klaus Barbie. C'est bien la preuve que le nom existe.

Henri - Soit ! Madame Barbie, on vous a donc volé votre poupée qui s'appelle… ?

Paméla - Prunelle.

Henri *(en aparté)* **-** Prunelle après lentille, ben voyons, ce n'est que logique. *(Puis à Paméla.)* Prunelle, admettons, et puisque vous y tenez comme à la… prunelle de vos yeux… *(Avec un grand sourire moqueur.)…* vous venez déclarer le vol, c'est logique.

Paméla *(très irritée)* **-** C'est logique aussi de faire l'andouille ?

Henri - Vous avez envie de finir au trou ?

PAMÉLA - Évidemment, c'est facile, vous avez le beau rôle!

HENRI - J'ai peut-être le beau rôle mais c'est vous qui jouez la comédie!

PAMÉLA - D'habitude, oui, mais pas en ce moment, non!

HENRI - Vous reconnaissez que vous jouez la comédie?

PAMÉLA - Oui, chaque week-end, avec ma poupée!

HENRI - Franchement, madame Barbie, à votre âge, ce n'est pas sérieux.

PAMÉLA - Et pourquoi, monsieur Action Man?

HENRI - Parce qu'à votre âge, on ne joue plus à la poupée.

PAMÉLA - Je vous répète de ne pas vous occuper de mon âge et ce n'est pas jouer à la poupée mais jouer avec une poupée.

HENRI - Et ça change quoi le « avec »?

PAMÉLA - Tout, ça change tout! Je suis ventriloque, monsieur Action Man! Ventriloque, vous entendez? Je me sers de ma poupée, je la fais parler!

HENRI - Vous ne pouviez pas le dire tout de suite au lieu de commencer à délirer en parlant de l'incendie?

PAMÉLA - Délirer? Dites donc, attention à ce que vous dites!

HENRI - Des menaces à présent?

PAMÉLA - Des menaces? Mais c'est vous qui délirez et depuis le début parce que vous ne m'avez jamais prise au sérieux, monsieur Muscles, monsieur Action Man!

HENRI - Taisez-vous ou je vous mets à l'ombre!

PAMÉLA - Oh! mais je me tais, du moins avec vous! Je pars, je téléphonerai à votre supérieur… Je suppose qu'il daignera m'écouter, lui, qu'il daignera écouter les délires d'une ventriloque! *(Elle sort.)*

34

HENRI - Encore une histoire de fous, une de plus. *(Il prend un calmant puis se dirige vers le bureau.)* Eh! les copains, vous n'avez pas envie de jouer à la poupée?

Il veut sortir mais il est bousculé par Harry Fer qui cherche à nouveau à s'échapper, poursuivi par Jules et Raymond. Il est rapidement rattrapé et ceinturé.

HARRY FER - Laissez-moi partir, laissez-moi partir!

RAYMOND - Tu ne veux pas nous laisser manger en paix, hein, McLaren?

HARRY FER - Fer Harry, Fer Harry!

JULES - C'est la même chose, c'est aussi une formule 1 et si mon collègue a envie de t'appeler McLaren, il ne va pas se gêner.

HARRY FER - Oui, mais moi, ça me gêne.

HENRI - Tu es bien le seul.

RAYMOND - On a essayé de te faire confiance, Fer Harry, on ne t'a pas enfermé.

JULES - Et t'en profites pour démarrer au quart de tour…

HENRI - Sur les chapeaux de roue.

RAYMOND - C'est pas sérieux, Fer Harry, c'est pas sérieux!

HARRY FER - Mais si, je suis sérieux et vous continuez à me prendre pour un fou.

JULES - Un peu de patience et on reparle tous ensemble du 33, rue de la Folie mais en attendant…

RAYMOND - … au garage, Fer Harry, au garage!

HARRY FER - Non, pas au garage, non!

Ils sortent en l'entraînant.

SCÈNE 6

Une femme fait son entrée. Elle prend son temps pour regarder en détails l'intérieur du bureau.

FRANCE - Tâtons le terrain. Alors, c'est ici que ça se passe... Pas terrible, un bureau de police... pas seulement que le bureau d'ailleurs, pas terrible du tout la police... pas terrible du tout du tout...

HENRI *(rentrant)* - Je vous ai entendue, madame.

FRANCE - Ah? Et qu'avez-vous entendu?

HENRI - Vos critiques : d'abord sur le bureau puis carrément sur la police.

FRANCE - Mes critiques? Non, c'est un malentendu.

HENRI - Si, si! J'ai bien entendu, je vous assure. On entend très bien ici, même quand apparemment on n'est pas là, vous savez.

FRANCE - Ah bon?

HENRI - Je n'en dirai pas plus, nous avons nos petits secrets. Alors, quels sont les vôtres?

FRANCE - Les miens?

HENRI - Oui, vos secrets. En quoi puis-je vous être utile?

FRANCE - Vous croyez que la police peut être utile à quelque chose? Si c'était vrai, ça se saurait.

HENRI - Ça veut dire quoi, madame, ce genre de remarque déplacée?

FRANCE - Rien, je vous taquinais.

HENRI - Soit! Mais sachez que nous n'aimons pas les taquineries. Je vous écoute à présent.

FRANCE - C'est que je n'ai pas grand-chose à dire.

HENRI - Mais que faites-vous ici, alors ?

FRANCE - Rien. Je suis rentrée par hasard, juste pour voir.

HENRI - Juste pour voir ?

FRANCE - Oui. C'est interdit ?

HENRI - Euh… non, pas vraiment, mais en général, quand on rentre c'est pour quelque chose de précis.

FRANCE - De précis ?

HENRI - Oui, c'est souvent pour déposer une plainte.

FRANCE - On ne peut pas rentrer sans motif ?

HENRI - Écoutez, madame : ici, ce n'est ni un moulin, ni un musée à visiter.

FRANCE - Ni un zoo.

HENRI - Ni un zoo ? Vous faites allusion à quoi ?

FRANCE - À rien… enfin si… vous devez voir passer de drôles de zèbres parfois ?

HENRI - Parfois ? Souvent, vous voulez dire. Aujourd'hui, c'est le bouquet !

FRANCE - Un bouquet d'anémones, je parie, des anémones du jardin… enfin je veux dire cueillies dans le jardin. Ou alors, ce sont des roses, c'est ça, des roses bonbon sans doute.

HENRI - Qu'est-ce que c'est que ces allusions ? Vous voulez vous rajouter à la liste des fous qui n'arrêtent pas de défiler ?

FRANCE - Oh ! qui sont les vrais fous, je me le demande ! J'ai une amie qui m'a dit : « N'y va pas, une vraie bande de cinglés. Ils prennent tout de suite la mouche et n'arrêtent pas de faire l'animal. Si tu savais comme ils sont vaches ! »

37

HENRI - Elle n'aurait pas dit : « Ils sont vaches comme en Inde », par hasard ?

FRANCE - Elle l'a peut-être dit, attendez que je réfléchisse…

HENRI - Ne réfléchissez pas trop, je n'aime pas tellement vos réflexions.

FRANCE - Alors, comme ça, vous ne restez pas de glace devant mes réflexions… Très intéressant, vraiment très intéressant. Vous ne supportez pas mes réflexions… *(Elle sort de son sac un petit miroir pour se recoiffer.)*… et je m'appelle Miroir… France Miroir.

HENRI *(perdant patience)* **-** Écoutez, madame : soit vous avez une bonne raison d'être ici et je veux bien vous écouter, soit vous êtes ici pour nous provoquer et dans ce cas-là, tout va très mal se terminer parce que nous sommes arrivés à la limite de notre patience.

FRANCE - Alors, je termine, je sors. C'était très amusant. Au revoir et à bientôt… peut-être. *(Elle sort.)*

HENRI *(perplexe)* **-** Pour le moins bizarre… *(Il prend un calmant.)* Eh, les gars, vous avez entendu ? On continue à nous chercher. *(Il sort.)*

SCÈNE 7

BOND et HENRI puis JULES

Un homme est rentré, il porte un long imper. Il a un chapeau melon et un parapluie noir. Il manifeste des signes d'impatience. Henri revient.

BOND *(s'exprimant avec un accent anglais très prononcé)* **-** Yes, un policeman !

HENRI - Puisque les autres ont à nouveau des difficultés avec l'autre excité, c'est encore à moi. Attendez, ne dites rien : au train où vont les choses aujourd'hui, vous allez déposer une plainte pour le vol de votre voiture : une Ferrari, je parie… *(Il se force à sourire.)*… ou pour le vol de la Statue de la Liberté peut-être ?

BOND - Le vol de la Statue de la Liberté ? *(Puis il continue en aparté.)* C'est bien ma veine, je suis tombé sur un fou.

HENRI - Mais oui, le vol de la statue de la Liberté. À moins que ce ne soit la tour Eiffel qu'on aurait entièrement démontée la nuit dernière ?

BOND *(d'abord en aparté)* **-** Il lui manque un boulon ! *(Puis à Henri.)* Pourquoi voudriez-vous qu'on démonte la tour Eiffel ?

HENRI - Et pourquoi voudriez-vous qu'on vole une collection de voitures de luxe, une vache d'Inde, un chien qui s'appelle Salade, la poupée de Mme Barbie ou une boîte de lentilles… avec deux lentilles ?

BOND - Mais je ne sais pas, moi, ce ne sont pas mes affaires.

HENRI - Pourquoi êtes-vous là, alors ?

BOND - Eh bien, justement parce qu'on a fouillé mes affaires et qu'on m'a volé.

HENRI - On a fouillé vos affaires ? Et qu'a-t-on volé ?

BOND - Mon code PIN.

HENRI - On a enlevé votre copine ?

BOND - Mais non, on n'a pas enlevé ma copine, on m'a volé mon code PIN !

HENRI - Votre code PIN ? Qu'est-ce que c'est que ça ?

BOND - Le code qui permet d'activer un portable, mon téléphone portable.

Henri - Tiens! Ce n'est pas courant.

Bond - Si, quand j'ai aperçu mon voleur, il partait justement en courant.

Henri - Vous l'avez aperçu? Expliquez-moi les circonstances du vol.

Bond - Je rentrais chez moi. J'ai déposé mon sac le temps d'ouvrir le garage, de rentrer mon vélo, ce qui a dû me prendre une bonne minute parce que je fais très attention pour ne pas griffer ma voiture parce que j'ai une Aston Martin, voyez-vous...

Henri - Par les temps qui courent, cela vaut mieux qu'une Ferrari mais au fait, voyons, au fait.

Bond - Mieux qu'une Ferrari, je ne vous le fais pas dire. J'ai toujours rêvé d'une Aston Martin, voyez-vous, et quand j'étais petit...

Henri *(irrité)* - Oui, mais maintenant, vous êtes grand. Alors, au fait. Vous avez déposé votre sac le temps d'ouvrir le garage et de rentrer votre vélo.

Bond - Ce qui m'a pris une bonne minute puisque je fais très attention pour ne pas griffer ma voiture.

Henri *(même jeu)* - Une Aston Martin parce que vous avez toujours rêvé d'en posséder une, contrairement à une Ferrari mais au fait, monsieur, au fait.

Bond - Et quand j'ai refermé le garage, une bonne minute après...

Henri *(même jeu)* - ... sans avoir griffé votre Aston Martin... Au fait, monsieur, au fait.

Bond - J'ai aperçu quelqu'un qui s'éloignait en courant.

Henri - Et vous n'avez rien fait, vous ne l'avez pas poursuivi?

Bond - Mais je ne savais pas qu'on m'avait volé!

HENRI - Mais on ne vous avait pas volé votre Aston Martin, vous venez de dire que vous aviez refermé le garage.

BOND - Mais je ne vous ai jamais dit qu'on avait volé mon Aston Martin. Mon Dieu ! Si jamais cela se produisait, je ne sais pas comment je réagirais. Je serais sûrement effondré. J'en ai rêvé chaque nuit pendant de longues années et j'aime tellement mon Aston Martin…

HENRI - Au fait, monsieur, au fait.

BOND - J'ai donc voulu reprendre mon sac que j'avais déposé le temps de rentrer mon vélo…

HENRI - … sans griffer votre Aston Martin, je sais et je vous interdis de le répéter.

BOND - Comment ça vous m'interdisez ?

HENRI - Vous êtes ici pour déclarer un vol, pas pour déclarer votre amour à une Aston Martin. On vous a donc volé votre sac.

BOND - Mais non, on ne m'a pas volé mon sac !

HENRI - Vous venez de dire que vous l'aviez laissé dehors, le temps de rentrer votre Aston Martin et que vous aviez vu quelqu'un s'éloigner en courant.

BOND - Je n'ai pas rentré mon Aston Martin, j'ai rentré mon vélo…

HENRI - … sans griffer votre Aston Martin, je vais le dire pour vous. Vous me cherchez, là, je le sens, vous me cherchez !

BOND - Mais non, je ne vous cherche pas. Par contre, je cherche et je voudrais retrouver…

HENRI - … votre sac qu'on ne vous a pas volé. Alors, avant que je ne me fâche vraiment, la suite, que je sache ce qu'on vous a réellement volé après avoir vu un homme s'enfuir et après la fermeture du garage.

Bond - En reprenant mon sac, j'ai vu qu'il était ouvert, avec mon portable au-dessus de mes affaires.

Henri - Et alors ?

Bond - Alors, comme il était désactivé, parce que je le désactive toujours quand je fais du vélo, voyez-vous, pour ne pas être dérangé et pour profiter vraiment de ma promenade...

Henri - Au fait, parce que là franchement je fatigue et je me fous de connaître la marque du vélo. Ferrari, Aston Martin, Peugeot ou encore Eddy Merckx, je m'en fous, vous entendez : je m'en fous.

Bond - Mais justement, c'est un Eddy Merckx, voyez-vous. J'ai toujours rêvé d'avoir un...

Henri - ... Aston Martin !

Bond - Non, un Eddy Merckx, parce que c'est le plus grand coureur cycliste de tous les temps et que...

Henri - Stop ou je vous embarque !

Bond - M'embarquer ? Mais je n'aime pas le bateau parce que j'ai le mal de mer, voyez-vous, et que...

Henri - Stop ! J'ai dit stop sinon vous allez finir au trou. Vous avez donc pris votre portable pour téléphoner à Merckx ou pour décommander une croisière en bateau, peu importe.

Bond - Mais pourquoi voudriez-vous que je téléphone pour décommander une croisière en bateau puisque j'ai le mal de mer, voyez-vous, et que...

Henri *(criant)* - C'était pour te ramener à ton portable qui était dans le sac qu'on ne t'a pas volé, t'as compris !

Bond - Mais ne criez pas ! Et pourquoi vous permettez-vous de me tutoyer ?

HENRI - Pour que tu me parles de ton portable, t'as compris : de ton portable! *(Il s'éloigne, prend un calmant et se force à respirer. Puis en aparté.)* Je vais me le faire, je vais me le faire, les autres auront bien entendu que ce serait tout sauf une bavure. *(Il revient ensuite vers Bond.)* Le portable était donc désactivé…

BOND - … puisque je le désactive toujours quand je me promène…

HENRI - Là, tu me mènes en bateau, méfie-toi, pépère.

BOND - Mais non, pas en bateau, je ne supporte pas le bateau à cause du mal de mer. Pépère? Qui est pépère?

HENRI - Un gars qui se penche comme toi sur son portable. Alors, détaille-moi uniquement maintenant ce que tu as fait. Si le portable est gris, rouge ou bleu, je m'en fous, t'as compris : tes goûts, tes couleurs, je m'en fous, t'as compris, dis, t'as compris?

BOND *(en aparté)* - Je suis vraiment tombé sur un malotru.

HENRI - Alors, ça vient? Tu te penches sur ton portable et puis?

BOND - Pourriez-vous s'il vous plaît, vous remettre à me vouvoyer?

HENRI *(s'écartant et en aparté)* - Allez Henri, un effort pour éviter une bavure. Mais non, Henri, ce ne serait pas une bavure, t'auras une médaille, tu verras, t'auras une médaille. *(Revenant vers Bond après avoir repris un calmant.)* Allez-y, je vous écoute.

BOND - Vous voyez, c'est mieux avec le vouvoiement.

HENRI - Vous vous penchez donc sur le portable pour le réactiver et…?

BOND - J'ai tapé mon code, il ne fonctionnait plus. Je l'ai retapé, toujours rien. J'ai ensuite essayé une troisième et dernière fois.

HENRI - Vous n'avez pas essayé une quatrième fois?

BOND - Non, parce que, avec quatre erreurs, tout se bloque, il faut retaper le code PUK.

HENRI - Le code PUK?

BOND - Mais oui, le code PUK!

HENRI - Et alors?

BOND - Je n'ai plus le code PUK.

HENRI - On vous l'a volé aussi?

BOND - Non, j'ai perdu le boîtier où il se trouvait avec toutes les données.

HENRI - Ah bon!

BOND - Mais on dirait que vous n'avez pas de portable!

HENRI - Si, mais je ne me trompe jamais de code.

BOND - Mais je ne me suis pas trompé : je vous répète qu'on a changé mon code PIN. Vous ne vous souvenez plus? Je vous l'ai dit en arrivant ici.

HENRI - Je ne sais plus, j'avais perdu le fil à cause de vos divagations.

BOND - Mes divagations?

HENRI - Vos divagations, parfaitement. Et pourquoi vous aurait-on fait ça?

BOND - Mais c'est à vous de m'apporter la réponse.

HENRI - Oui, ça on le verra après l'enquête et accessoirement quand j'aurai retrouvé mon calme. En attendant, je vais vous poser quelques questions. Votre nom?

BOND - Bond.

HENRI - Prénom?

BOND - James.

Henri *(en aparté)* **-** La totale ; ce n'est pas une mais deux médailles qu'on me décernera. *(Revenant vers Bond.)* Your name is Bond ? James Bond ?… Heu… vous vous appelez James Bond ?

Bond - Yes. My name is Bond, James Bond. Je m'appelle James Bond.

Henri *(se relevant avec un grand sourire)* **-** James Bond ? Vous entendez les gars ? Il s'appelle James Bond. C'est la totale ! Le suivant s'appellera Docteur No ou Goldfinger. *(Puis revenant vers lui.)* Vous me confirmez que vous vous appelez bien James Bond ?

Bond - Et alors, c'est interdit ?

Henri - Non, il y a pire, surtout depuis ce matin… Et quel était votre code… PIN ?

Bond - 0007.

Henri - Comme par hasard ! Et vous faites partie d'une association avec les autres débiles pour nous faire tourner en bourrique et nous rendre fous ?

Bond - Mais qu'est-ce que c'est que cette histoire ! C'est ainsi qu'on accueille les victimes ?

Henri - Oh ! victime ! Tout de suite les grands mots ! Nous avons autre chose à faire qu'à éviter de griffer les Aston Martin ou retrouver le nouveau code secret de James Bond !

Bond - Mais ce n'est pas un code secret.

Henri - Ah oui ! Et qu'est-ce que c'est alors ?

Bond - Un code PIN.

Henri - Et un code PIN, ce n'est pas secret ?

Bond - Pas toujours, parce que ma femme était au courant, voyez-vous, et ma femme et moi, nous n'avons pas de secrets l'un pour l'autre, voyez-vous et…

Henri - Stop, James, ou je te colle au trou !

Bond - Au trou ? Et pourquoi vous permettez-vous de m'appeler James ?

Henri - Parce que j'en ai marre de te voir, ici. Du balai ! Va plutôt sauver le monde !

Bond - Sauver le monde ? Mais… c'est un scandale, vous m'entendez, un vrai scandale !

Il est sur le point de sortir. Jules surgit.

Jules - Monsieur, monsieur, attendez ! Vous n'habiteriez pas rue de la Folie, par hasard ?

Bond - Si, au 33 ! *(Il sort.)*

Jules *(réfléchissant)* - 33, rue de la Folie, comme les autres.

Henri - Les autres fous ! C'est une conspiration, on veut notre peau.

Jules - Il y a quelque chose là-dessous, à présent, c'est certain.

Henri - Tu as raison, et trop c'est trop ! Allons en parler devant une tasse de café, j'ai besoin d'un bon remontant et après, on leur rentre dedans. *(Il sort.)*

SCÈNE 8

Raymond, Jules, La femme et Henri

Raymond revient.

Raymond - Le remontant, ce sera sans moi. Je suis déjà suffisamment remonté. Voilà James Bond à présent. C'est la goutte qui fait déborder la citerne. On se paye royalement notre tête et je

46

n'aime pas ça. Il est plus que temps d'aller jeter un coup d'œil au 33, rue de la Folie. En tout cas, le prochain, je vais me le faire.

JULES - Calme-toi, Raymond, je vois que tu t'énerves. Enfin, je te comprends parce que cette fois-ci, moi aussi, je sature. Ils vont voir comment je m'appelle.

RAYMOND - Ne t'en fais pas, Jules, ça va aller.

JULES *(réfléchissant)* - Raymond, quand on réfléchit bien, pour changer le code d'un portable…

RAYMOND - … il faut le connaître… donc être un familier de ce James Bond… comme sa femme par exemple.

JULES - Exactement. Donc si tu vas lui poser quelques questions, de mon côté, après mon café, je vais en reposer quelques-unes à Fer Harry. Il faut en savoir plus sur les habitants de cet immeuble. Pense à relever les noms des boîtes aux lettres si elles ne sont pas trop nombreuses.

RAYMOND - O.K., Jules. Je me sens déjà mieux. Reprendre l'initiative, c'est ça qui me manquait. Il n'y a rien de pire que de subir, les habitants du 33, rue de la Folie n'ont qu'à bien se tenir. Voilà Raymond qui entre en action.

JULES - J'adore t'entendre parler ainsi, Raymond. De mon côté, je vais cuisiner Fer Harry mais après mon café. *(Il sort.)*

RAYMOND - Vas-y Raymond, cap sur la rue de la Folie. Il est temps d'y faire le ménage, le ménage façon tornade blanche, façon Raymond.

Au moment où il veut sortir, une femme fait son entrée.

LA FEMME - Enfin quelqu'un !

RAYMOND *(en aparté)* - Ça continue ! Mais elle ne sait pas ce qui l'attend. *(Puis à la femme.)* Alors, comme ça, on est rentrée pour déposer une plainte ?

LA FEMME - Oui, forcément, je ne suis pas venue faire du tourisme.

RAYMOND - Du tourisme, pourquoi pas! On t'a volé ton appareil photo? Ou mieux, le code PIN de ton appareil photo?

LA FEMME *(en aparté)* **-** Un code PIN pour un appareil photo : qu'est-ce que c'est que cette histoire? Il délire. *(Puis à Raymond.)* Je suis là parce qu'on m'a volé mes jumelles.

RAYMOND - Des jumelles, tiens donc! Eh bien, je te vois venir avec tes jumelles.

LA FEMME - Vous me voyez venir?

RAYMOND - Oui, parce que tu vas nous faire croire qu'il s'agissait de tes filles, de tes deux filles, forcément puisqu'il est question de jumelles et au bout de dix minutes...

LA FEMME - Quoi « au bout de dix minutes »?

RAYMOND - On s'apercevra que tu t'es moquée de nous, qu'il s'agit des grosses lunettes pour y voir plus près, pour se rapprocher.

LA FEMME - Mais...

RAYMOND - Pas de chance : je t'ai vue venir avec tes travaux d'approche et tes jumelles.

LA FEMME - Je ne sais pas ce qui vous prend mais j'ai compris : je n'ai plus rien à faire ici. On actera ma plainte ailleurs, là où on me prendra au sérieux.

RAYMOND - Doucement, mémère, tu as le temps!

LA FEMME *(surprise et choquée)* **-** Mémère? Mais...

RAYMOND - Il n'y a pas de mais, tu entends mémère : il n'y a pas de mais.

LA FEMME - Ça alors!

RAYMOND - Oui, ça alors. Jouons ensemble. *(Il met sa casquette à l'envers.)* Je parie que toi non plus, tu n'en as pas cru tes oreilles quand Scarole t'a raconté ses salades.

LA FEMME - Ses salades ? Scarole ?

RAYMOND - Scarole Dubois ! Comme si tu ne la connaissais pas, hein, poulette ?

LA FEMME - Poulette à présent !… Oh ! j'exige de connaître votre nom pour déposer une plainte !

RAYMOND - Tu as de la chance, c'est ici que ça se passe, mémère poulette.

LA FEMME - Mémère poulette ? Mais… Votre nom, j'exige de connaître votre nom !

RAYMOND - Tu continues à avoir de la chance, poulette : je m'appelle Raymond Lecocq et quand je me fâche, je suis le roi de la basse-cour.

LA FEMME - Le… le roi de la basse-cour ? Mais… mais… vous êtes fou !

RAYMOND - Je suis prêt à te voler dans les plumes.

LA FEMME - Mais… Au secours ! Au secours ! *(Elle veut sortir, il l'en empêche.)*

RAYMOND - Alors, on veut prendre la clé des champs, poulette, on veut quitter la basse-cour ?

LA FEMME - Laissez-moi sortir ! Laissez-moi sortir ! *(Elle court vers l'autre issue. Elle se trouve face à Jules.)*

JULES - Alors, mémère, t'as pas entendu mon collègue ? Tu veux prendre la clé des champs au risque de tout perdre ?

RAYMOND - Mais si tu perds tout, tu vas te retrouver sur la paille, tu n'auras plus de blé, poulette. Surtout au prix où se trouve le baril.

49

LA FEMME - Le... le baril?

JULES - Le baril de lentilles, mémère.

RAYMOND - As-tu une bonne vue, poulette?

JULES - Es-tu seulement myope ou « ope » complète?

LA FEMME - Mi quoi?

RAYMOND - Myope! Mon collègue te demande si tu y vois plus qu'à trente centimètres.

JULES - Elle doit être complètement « ope », la mémère poulette.

RAYMOND - À tel point que dans un jardin, elle est incapable de voir... de voir...

JULES - ... les anémones, Raymond, les anémones bien sûr... des anémones encerclées par les salades de Scarole. Qui dit mieux?

LA FEMME - Un deuxième fou, ce n'est pas possible!

JULES - Mais si c'est possible, on est même trente-trois, comme à la rue de la Folie.

LA FEMME - La... la rue de la Folie?

RAYMOND - La rue qui nous fâche, alors on devient rouge de colère.

JULES - Rouge comme des Ferrari, si tu vois ce que je veux dire, mémère.

RAYMOND - Elle voit, Jules, elle voit, la poulette, même si elle est complètement « ope ».

LA FEMME - Je vois surtout que je suis dans un asile.

JULES - Et elle n'a pas eu de chance, la poulette, de tomber sur Raymond Lecocq et Jules Lebecq.

LA FEMME - Jules Lebecq?

JULES - Mais oui, je me présente…

HENRI *(en voix off et chantant « Le chanteur » de Daniel Balavoine)* - « Je m'appelle Henri et je voudrais bien réussir ma vie. »

RAYMOND - Tu as entendu mémère? On t'a dit qu'on était trente-trois comme à la rue de la Folie.

LA FEMME - Un troisième?

RAYMOND - Mais oui, plus on est de fous, plus on rit!

JULES - Après Lecocq et Lebecq, tu as entendu…

HENRI *(en voix off)* - … Ergot, Henri Ergot. *(Puis il apparaît.)* Et quand on me cherche, je montre mes ergots.

RAYMOND - Alors, ma poule, elle te plaît ta basse-cour?

LA FEMME - Je… je vais me réveiller, c'est sûrement un cauchemar.

HENRI - Tu cauchemardes? Comme c'est dommage! On a tellement besoin d'un bon sommeil. Est-ce que tu dors avec une Barbie, ma poulette?

JULES - Est-ce que tu la fais parler à ta place?

RAYMOND - Est-ce qu'elle raconte aussi des histoires à dormir debout?

LA FEMME *(sanglotant)* - Laissez-moi, je vous en prie, laissez-moi!

HENRI - Mais voilà qu'elle se met à pleurer comme une Madeleine.

JULES - Offre-lui un bonbon, Henri.

RAYMOND - Un bonbon rose. *(Ils se mettent à rire tous les trois.)*

HENRI - Rose bonbon, mais ne soyons quand même pas trop vaches, les gars.

JULES - Trop vaches, comme en Inde! *(Ils se remettent à rire.)*

HENRI - Elle va dire que nous avons un caractère de cochon.

JULES - De cochon d'Inde. *(Même jeu.)*

HENRI - Ou que nous sommes aussi délicats que des éléphants…

JULES - … dans un magasin de porcelaine. *(Même jeu.)*

HENRI - De la porcelaine…

JULES - … comme la vache. *(Ils rient de plus belle.)*

LA FEMME *(même jeu)* **-** Dites-moi la vérité : c'est pour une caméra cachée ?

JULES - Exactement : tu vas bientôt passer à la télévision.

RAYMOND - En fait, nous ne sommes que des poupées.

LA FEMME - Des poupées ?

HENRI - Des poupées Barbie et un ventriloque nous fait parler. *(Ils se remettent à rire.)*

JULES - Et un guignol nous tire les ficelles. *(Ils rient à nouveau.)*

RAYMOND - Comme nous allons te tirer les vers hors du nez.

LA FEMME - Vous êtes des fous dangereux, des malades !

Ils rient de plus belle, elle en profite pour s'enfuir mais elle oublie son sac qu'elle avait déposé sur le bureau.

JULES - Cette fois, elle a vraiment pris la clé des champs.

HENRI - Dommage, je l'aimais bien cette petite poulette.

RAYMOND - Une seule poulette vous manque et toute la basse-cour est dépeuplée.

JULES - Elle a oublié son sac. *(Il l'ouvre et jette un coup d'œil.)* Tiens, elle a une carte qui ressemble à nos cartes de police.

RAYMOND - Montre. *(Il lit.)* IGS.

52

Henri - IGS. Qu'est-ce que ça veut encore dire ?

Jules - IGS. Idéogramme… Idéogramme des Gros… Non.

Raymond - Intelligence des…

Henri - … Génies…

Jules - … Surdoués. Non.

Raymond - Italique… Gras… Souligné…

Henri - Et mon tout fait partie d'un traitement de texte bien connu…

Jules - … qui sert à réaliser les cartes de l'IGS ? Non.

Henri - IGS… Illumination des…

Raymond - … Grandes…

Jules - … Zavenues. Non.

Henri - IGS. Inspection Générale des Services.

Les trois *(en chœur)* - Inspection Générale des Services ? Les bœufs-carottes ! *(Ils ont tous les trois une mine décomposée.)*

Raymond *(titubant)* - Elle venait nous inspecter, c'était une inspectrice de police.

Jules - On va retourner à la circulation.

Henri *(pleurnichant et prenant un calmant)* - Maman !

Raymond - Notre carrière est terminée, les gars.

Jules - Tous les jours dehors, par tous les temps, seul face aux automobilistes déchaînés, c'est pas juste !

Henri *(même jeu)* - Maman !

Raymond - L'Inspection…

JULES - … Générale…

HENRI *(même jeu)* **-** … des Services. Maman !

RAYMOND - La police des polices. La police…

JULES - … qui enquête…

HENRI - … sur la police.

RAYMOND - Les policiers…

JULES - … qui condamnent…

HENRI - … les autres policiers qui font mal leur boulot.

RAYMOND - Qu'est-ce qu'on peut faire ?

JULES - À part la rattraper et encore, sans savoir où elle est partie.

HENRI - La supplier, la supplier encore et encore.

RAYMOND - Elle n'aura pas de pitié, ces gens-là n'ont pas de pitié. On choisit des durs, des durs de dur.

JULES - La retrouver et lui proposer de l'argent.

HENRI - Corruption, on aggraverait notre cas.

RAYMOND - Pour l'aggraver, on l'aggraverait. Vous avez envie de finir au trou ?

JULES - Mince ! Fer Harry, on n'avait aucun motif légal de le garder ici, on va encore aggraver notre cas.

HENRI - Encore heureux que je vous ait dit de ne pas l'enfermer à clé, que légalement on ne pouvait pas.

RAYMOND - Il faudra lui expliquer que ce n'était qu'un jeu.

SCÈNE 9

RAYMOND, JULES, HENRI, LA FEMME,
JAMES BOND puis HARRY FER

La femme revient. Elle est accompagnée de James Bond. Il s'exprime toujours avec un accent anglais très prononcé.

LA FEMME - Voilà mémère…

BOND - … et pépère.

LA FEMME *(à Bond)* **-** Et à présent, vous me laissez parler, vous avez compris : vous me laissez parler.

JULES - C'est une erreur, une erreur judiciaire.

RAYMOND - Nous plaidons non coupables.

HENRI - Nous vous présentons nos plus plates excuses. *(Il se met à pleurer.)*

LA FEMME - Vous faites moins le fier à présent. Je comptais vous rendre une visite tout à fait normale mais quand au moment de rentrer, j'ai croisé ce monsieur qui m'a raconté ce qui lui était arrivé, j'ai décidé de me présenter moi aussi comme une plaignante.

JULES - Il y a eu confusion : on ne l'a pas compris comme il est Anglais et qu'il prétend s'appeler James Bond.

BOND - Parfaitement. Et c'est en l'honneur de 007 que mes parents m'ont appelé James, parce qu'ils étaient fans de la série, voyez-vous, et moi-même, quand j'ai eu l'âge de regarder les films, j'ai beaucoup aimé, surtout les premiers avec Sean Connery. Car, sans dire de mal de Roger Moore, voyez-vous, je pense qu'il ne lui arrivait pas à la cheville, voyez-vous, et que, quand il manipulait tous les gadgets de l'Aston Martin…

HENRI *(pleurnichant)* **-** Stop ! S'il vous plaît, faites-le taire, il me fatigue.

RAYMOND - Et vous voyez, Madame l'Inspectrice, c'est parce que notre collègue est malade des nerfs qu'il l'a mis dehors sans ménagement…

JULES - … et que par la suite, croyant que vous étiez une de ses copines…

BOND - Code PIN, pas copine, mon code PIN…

HENRI *(même jeu)* - Vous voyez, il continue.

LA FEMME - Effectivement. *(À Bond.)* Vous vous plaignez qu'on n'a pas voulu vous écouter et vous ne laissez pas parler les autres ; allez m'attendre dehors à présent.

BOND - Mais mon code PIN ?

LA FEMME *(sèchement)* - Allez m'attendre dehors, sinon je vous fais embarquer.

BOND - Mais je n'aime pas le bateau, j'ai le mal de mer, je l'ai déjà dit. Déjà tout petit, voyez-vous, je…

HENRI *(même jeu)* - Madame l'Inspectrice, faites quelque chose, je vous en prie.

LA FEMME *(criant)* - Sortez, sinon je vous arrête !

BOND - M'arrêter, moi, mais…

LA FEMME - Il n'y a pas de mais, t'as compris pépère ?

BOND - Pépère ? Encore pépère ? Qu'est-ce que c'est que ça pour une famille ! Je suis very very très choqué.

LA FEMME - Choqué ou pas, à présent, tu m'attends dehors, t'entends : dehors !

BOND *(reculant)* - Soit ! Je cède devant la force et la violence, mais uniquement devant ça, voyez-vous, parce que mes parents m'ont bien appris que…

LA FEMME, JULES, RAYMOND et HENRI *(en chœur)* **-** Dehors !

Bond sort.

RAYMOND - Vous voyez, madame, c'était presque de la légitime défense.

LA FEMME - Oui, mais ça n'explique pas tout et surtout pas votre comportement avec moi.

HENRI - Je suis malade, mes collègues vous l'ont dit.

LA FEMME - Si vous êtes malade, prenez des congés de maladie.

RAYMOND - Mais il ne peut pas, nous sommes déjà en manque d'effectifs.

JULES - Il s'accroche et c'est tout à son honneur.

RAYMOND - Les gens n'arrêtent pas de se moquer de lui. Alors, c'est humain, il craque et nous par solidarité…

JULES - … on craque aussi.

LA FEMME - Et pourquoi les gens se moquent-ils ?

HENRI - À… à cause de mon nom : je m'appelle Ergot. Alors les truands me disent toujours : « Allez, sors tes ergots, qu'est-ce que tu attends ? »

RAYMOND - Et nous sommes solidaires, puisque je m'appelle Lecocq…

JULES - … et moi Lebecq.

HENRI - Vous comprenez : s'appeler Ergot, Lecocq et Lebecq pour des poulets, ça fait jaser.

RAYMOND - Les truands se moquent de nous : les poulets, la basse-cour, les prises de bec, nous voler dans les plumes, on en entend de toutes les couleurs.

JULES - Mais je vois que vous regardez votre sac ; je vous le rends en espérant que vous comprenez que nous portons des noms difficiles… *(Il remet la carte de l'IGS en regardant le nom)*… madame… Brouette… *(Il rejette un coup d'œil.)*… madame Cécile Brouette.

Les trois policiers sont horriblement gênés, il y a un grand silence. Ils sortent de leur poche quelques billets de banque qu'ils placent dans le sac.

LA FEMME - Avant de rentrer tantôt, j'ai jeté un coup d'œil à côté : belle boutique, très belle boutique, et une superbe robe me fait vraiment envie. *(Elle regarde l'argent dans le sac.)* Là, à vue de nez, il doit me manquer une cinquantaine d'euros. Pourriez-vous me les prêter ?

Les trois hommes fouillent en vain leurs poches.

HENRI - Attendez, je reviens ! *(Il rentre en courant dans le bureau.)*

JULES *(à la femme)* **-** Ne vous en faites pas, ça va aller.

HENRI *(revenant et tendant à la femme un billet de cinquante euros)* **-** Et voilà, Madame l'Inspectrice.

RAYMOND - Les bons comptes font les bons amis.

LA FEMME - Comme vous dites. C'est vrai que vous étiez victimes des circonstances, je… je vais réfléchir. Au revoir. *(Elle sort.)*

RAYMOND, JULES et HENRI *(en chœur)* **-** Au revoir, madame Brouette. *(Elle leur jette un regard désapprobateur.)* Au revoir, Madame l'Inspectrice. *(Elle sort, satisfaite.)*

HENRI - Ouf ! C'est pas gagné mais c'est pas perdu non plus. Et si on allait boire un petit café ? Un petit café, ça ne peut pas faire de tort.

JULES - Un grand café non plus.

RAYMOND - Allez-y les gars, moi je reste assurer la permanence. *(Les autres sortent très lentement.)* Ce sera peut-être l'une de mes dernières avant la suspension puis le retour à la circulation.

58

On s'enrhume au carrefour, on est moins bien payé. Adieu les vacances au soleil. Allez, courage Raymond, on se ressaisit. Elle a pris l'argent, c'est bon signe.

HARRY FER *(réapparaissant)* **-** Alors comme ça, je peux partir ? Vos copains m'ont dit : « Sortez et demandez à Raymond, il va tout vous expliquer. »

RAYMOND - Ils ont dit ça ?

HARRY FER - Oui, alors ? Je vous écoute.

RAYMOND - C'était… c'était pour une caméra cachée.

HARRY FER *(trépignant)* **-** Je vais passer à la télévision ! Je vais passer à la télévision !

RAYMOND - Je… je ne peux pas encore vous le garantir. Nous avons mis en boîte des enregistrements pour les deux prochaines saisons. Les producteurs vont décider. Toutes les séquences ne passeront pas.

HARRY FER - Je vais être payé ?

RAYMOND - Non, pas pour une caméra cachée.

HARRY FER - Enfin, tant que je passe à la télévision…

RAYMOND - Si vous êtes sélectionné, nous vous avertirons et vous devrez donner l'autorisation pour qu'on diffuse la séquence.

HARRY FER - Je la donne, je la donne !

RAYMOND - À présent, vous pouvez y aller puisque nous possédons vos coordonnées pour vous prévenir mais pas d'impatience, nous pouvons très bien vous contacter dans un an ou jamais.

HARRY FER - Je sais que j'ai été bon, on me contactera… Mais au fait, en reprenant mes affaires, j'ai vu qu'il manquait cinquante euros dans mon portefeuille.

Raymond - Les… les frais de participation, ils ne vous l'ont pas dit ?

Harry Fer - Non.

Raymond - Eh bien, maintenant, vous le savez. En tout cas, vous pouvez être content de vous : vous avez été vraiment bon.

Harry Fer - Oh ! merci, merci !

Raymond - Pas de quoi, monsieur. Au revoir.

Harry Fer - Au revoir et encore merci. *(En aparté.)* Je vais devenir une star. *(Il sort.)*

Raymond - Ouf ! Vraiment un cas celui-là. D'ici un an ou deux, s'il se décide à porter plainte, il passera pour fou, ce qu'il est peut-être d'ailleurs.

SCÈNE 10

Raymond et France Miroir

France Miroir fait son entrée, elle porte une caisse. Elle souffle dans une petite trompette.

France - Bonjour, j'arrive du 33, rue de la Folie.

Raymond *(en aparté)* **-** Bon sang, avec cette inspectrice, j'avais complètement oublié cette adresse. *(Puis à France.)* Et il y a un monde fou, je parie ?

France - Vous ne pouviez pas mieux parler.

Raymond - C'est quoi cette caisse ?

France - Je voudrais faire un dépôt.

Raymond - Un dépôt ? Vous savez, ici, ce n'est ni une banque, ni le bureau des objets perdus.

France - Ni celui des objets trouvés.

Raymond - En effet, mais que voulez-vous dire par là ?

France - Moi ? Rien… pour l'instant. D'abord, je voudrais que vous preniez ma déposition.

Raymond - Bien. Je vous écoute.

France - Vous ne prenez pas note ?

Raymond - Si vous y tenez.

Il prend de quoi écrire. Elle lui jette des confettis, souffle à nouveau dans la trompette. Il a un geste de mauvaise humeur.

France - J'y tiens en effet.

Raymond - Votre nom ?

France - Miroir.

Raymond - Ah oui ! Je me souviens, je vous ai entendue tantôt.

France - Vous m'avez entendue ?

Raymond - Comme dit le proverbe : les murs ont des oreilles. Votre prénom ?

France - Mieux qu'un prénom, c'est un pays : France. *(Elle chante les premières paroles de « La Marseillaise ».)* « Allons enfants de la Patrie, le jour de gloire est arrivé… »

Raymond *(en aparté)* **-** Ça continue. Mais restons calme, elle fait peut-être également partie de l'IGS. *(Puis à France.)* France, c'est juste, je connaissais la réponse.

France - Et qu'avez-vous gagné ?

Raymond - Rien : une enquête, ce n'est pas un concours.

FRANCE - Vous n'écrivez pas la date de la déposition?

RAYMOND - Elle est déjà écrite depuis ce matin. Alors, je vous écoute, je n'ai pas de temps à perdre. *(Elle lui lance à nouveau des confettis et souffle dans la trompette. Puis Raymond en aparté.)* Garde ton sang-froid, Raymond, elle a sûrement envie, elle aussi, d'une belle robe.

FRANCE - Lisez-la.

RAYMOND - Quoi « lisez-la » ?

FRANCE - La date, lisez-la.

RAYMOND - La date? *(Il regarde.)* Le premier avril. *(Il réalise.)* J'ai compris : vous êtes la dernière de la série. Vous vous êtes tous mis d'accord pour nous faire un poisson d'avril.

FRANCE - Perdu.

RAYMOND - Quoi « perdu » ?

FRANCE - Heureusement que ce n'est pas un concours sinon vous auriez perdu.

RAYMOND - Et pourquoi?

FRANCE - Pas tous, non! Ils n'y sont pour rien. *(Elle annonce fièrement après avoir à nouveau soufflé dans la trompette et être grimpée sur une chaise.)* C'est moi qui ai tout orchestré comme une grande.

RAYMOND - Et on peut savoir comment? Nous serons tous ravis de l'apprendre.

FRANCE - C'est juste un pari avec l'un de vos anciens collègues.

RAYMOND - Et comment s'appelle-t-il?

FRANCE - Il s'appelle… *(Elle souffle encore dans la trompette.)* Je ne dirai pas son nom : je ne voudrais pas qu'il ait des ennuis.

RAYMOND - Je comprends, je comprends, il risquerait d'en avoir effectivement… mais poursuivez.

FRANCE - Il fallait bien choisir les victimes. Vous imaginez : un voisin de palier qui s'appelle James Bond, il faut en profiter… J'ai pensé aussi à des choses un peu farfelues… pour que la farce soit réussie évidemment.

RAYMOND - Évidemment… *(Il poursuit, ironique. Elle redescend.)* Tout le monde sait que nous avons le sens de l'humour. *(Il va frapper à la porte du bureau.)* Et la caisse ?

FRANCE - Ce sont les fameux objets perdus… retrouvés.

RAYMOND *(même jeu)* **-** Mais oui, où avais-je la tête ? Donc, elle contient…

FRANCE - … les fameuses voitures d'Harry Fer ; il collectionne des voitures prestigieuses…

RAYMOND - Mais miniatures, j'ai compris.

FRANCE - On y trouve aussi…

RAYMOND - … une petite vache d'Inde en porcelaine !

FRANCE - Quel flair… Mais à propos de flair, j'ai laissé Salade en bas dans ma voiture, alors que dans la caisse…

RAYMOND - … on trouve aussi une boîte, celle qui contient les lentilles…

FRANCE - Deux lentilles.

RAYMOND - Mais oui, où avais-je la tête ? Et je parie que je peux également y trouver une poupée.

FRANCE - Gagné : celle de Mme Barbie. Il y a aussi dans la caisse un petit papier sur lequel est écrit…

HENRI *(surgissant avec Jules et prenant l'accent anglais)* **-** … le fameux code secret de James Bond.

Jules - Le code PIN.

Henri - Mais c'est un homme qui l'a changé !

France - Votre ancien collègue.

Raymond - Je vais me le faire, je vais me le faire !

Jules - En tout cas, il est vraiment innocent, celui-là !

Raymond - Qui ?

Jules - Fer, Harry Fer !

France - Je l'ai vu sortir en arrivant. Le pauvre, quand il va savoir que c'est une blague ! *(Elle souffle encore dans la trompette, relance des confettis.)*

France - Oui, parce qu'il n'a pas forcément notre sens de l'humour. N'est-ce pas les gars que nous avons le sens de l'humour ?

Jules et Henri *(en chœur)* **-** Oh ! que oui ! *(Tout en riant, ils viennent encadrer France.)*

Raymond - Et puisque, visiblement, vous ne faites pas partie de l'IGS…

France - L'IGS, qu'est-ce que c'est ?

Henri - IGS… Illumination des…

Raymond - … Grandes…

Jules - … Zavenues.

Raymond - Allez-y les gars ! *(Sur un signe de Raymond, ils empoignent France et l'entraînent.)*

France - Au secours ! Au secours ! Police ! Appelez la police !

Jules - Tu tombes bien, c'est nous la police !

France - Lâchez-moi ! Lâchez-moi !

Raymond - Pas avant que tu nous dises le nom du collègue.

Henri - On va te torturer, ma vieille !

Jules - On va bien rigoler, tu verras : on a le sens de l'humour.

France - Au secours ! Au secours ! Appelez la police ! Appelez la police !

Ils rentrent dans le bureau en l'entraînant.

RIDEAU

AVIS IMPORTANT

Cette pièce de théâtre fait partie du répertoire de la Société des Auteurs et Compositeurs Dramatiques, 11 bis rue Ballu 75442 PARIS Cedex 09. Tél. : 01 40 23 44 44. Elle ne peut donc être jouée sans l'autorisation de cette société. Nous conseillons d'en faire la demande avant de commencer les répétitions.

Imprimé à la demande par Books On Demand GmbH, Bad Hersfeld, Allemagne

Première édition, dépôt légal : mai 2010
N° d'édition : 201019
ISBN : 978-2-84422-746-1